DEBUT D'UNE SERIE DE DOCUMENTS EN COULEUR

L'ALSACE-LORRAINE

ET

MADAGASCAR

PAR

Henry DEAUBOURG

PARIS
IMPRIMERIE L. BAUDOIN
2, Rue Christine, 2

1896

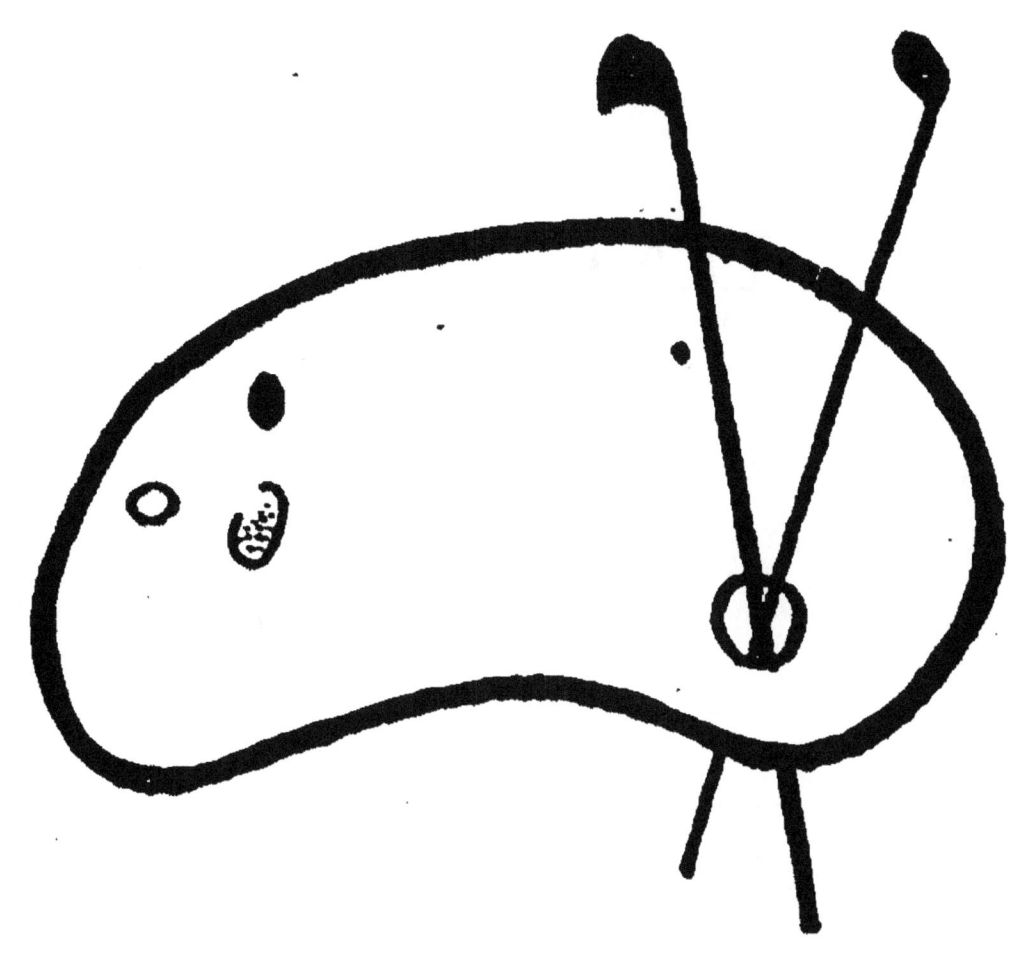

FIN D'UNE SERIE DE DOCUMENTS
EN COULEUR

L'ALSACE-LORRAINE

ET

MADAGASCAR

PAR

Henry DEAUBOURG

PARIS
IMPRIMERIE L. BAUDOIN
2, Rue Christine, 2
—
1896

Nous dédions cette modeste brochure à un homme dont bien des Français doivent, en cette période tourmentée, regretter l'absence à la tête d'un de nos plus importants ministères. Sa haute compétence, sa droiture et le calme de son esprit eussent peut-être valu à notre pays d'être demain l'arbitre des destinées de l'Europe.

Que cet hommage rendu à son caractère lui soit, dans sa retraite volontaire, la preuve consolante que, même en France, les gens de cœur savent garder le souvenir des services loyalement rendus à la grande cause de leur pays.

H. D.

L'ALSACE-LORRAINE

ET

MADAGASCAR

I.

L'Alsace-Lorraine, Madagascar ! Le rapprochement seul de ces deux noms indique l'idée dont nous souhaitons la réalisation.

Nous ne voulons pas exposer un plaidoyer attendrissant, comme ceux quelquefois rédigés depuis vingt-cinq ans par des patriotes ardents, mais trop peu pratiques, réclamant le retour à la France de l'Alsace-Lorraine ; nous désirons simplement donner une série d'arguments sérieux et probants, dont tout Français bien pensant reconnaîtra, l'espérons-nous, la vérité et la justesse et qui nous permettront d'affirmer la possibilité, dans des conditions honorables pour les deux peuples intéressés, d'un échange loyal de territoires.

Que d'ailleurs les chauvins se rassurent ! Il ne s'agit point en principe d'abdiquer notre fierté nationale : la France est toujours assez forte pour la porter bien haut. Mais est-il nécessaire que la guerre défasse ce que la guerre a fait, et que des millions d'hommes s'entre-tuent pour obtenir ou ne pas obtenir ce qu'une entente amiable et une compréhension intelligente des besoins réciproques allemands et français pourraient nous procurer immédiatement ? Est-il aussi utile de faire ressortir ce que serait la situation économique de part et d'autre des Vosges, au lendemain d'une guerre, et de montrer la misère et les ruines amoncelées, et pour longtemps, par une lutte que nous prétendons aujourd'hui plus que jamais facile à éviter ?

Il semble que depuis 1870 la perspective d'une guerre prochaine ait produit, chez les Français comme chez les Allemands, une sorte de fascination dont le résultat tangible a été, outre l'établissement de fortifications ruineuses sur la frontière et des dépenses militaires formidables, une absorption presque complète, surtout chez les premiers, de l'esprit politique. Les deux peuples se sont par trop désintéressés des événements plus ou moins graves qui ont eu pour théâtres la Méditerranée orientale, l'Asie, l'Afrique. N'est-ce pas d'ailleurs à cette indifférence fatalement imposée que l'on peut attribuer le succès — jusqu'à ces derniers jours du moins — des inqualifiables procédés de l'Angleterre ? Celle-ci, délivrée de la surveillance de la France et de l'Allemagne, deux de ses principales rivales, a pu successivement s'établir en Égypte, à la face de l'Europe divisée et par suite impuissante, déposséder les Portugais de la plupart de leurs possessions de l'Afrique australe, arriver ainsi jusqu'au Zambèze, refoulant les sympathiques colonies de Boers, qu'hier encore elle semblait honteusement menacer dans leur dernier refuge du Transvaal. N'est-ce pas aussi à l'Angleterre que doit incomber la responsabilité des troubles profonds qui agitent actuellement l'empire ottoman ?

Toujours et partout on retrouve les effets de sa politique malfaisante.

Mais aujourd'hui la race anglo-saxonne a eu le don de s'attirer toutes les haines. Sa rapacité a trouvé à qui parler, et devant le ferme langage tenu par les États-Unis, puis par l'Allemagne, sa morgue est au moment de baisser pavillon. A la manière dont la presse européenne a notamment accueilli la nouvelle de l'opposition américaine, il est aisé de se rendre compte que les Anglais ne possèdent sur le continent aucune sympathie. L'Italie même, qui croyait ses intérêts liés dans une certaine mesure à ceux du Royaume-Uni, constate à l'heure actuelle avec amertume le néant des déclarations amicales de cette puissance. L'ère des revendications contre les exactions anglaises semble devoir bientôt s'ouvrir. Après avoir trompé tout le monde, nos voisins d'Outre-Manche devront rendre des comptes, et qui sait si les prochaines années ne verront pas de terribles représailles, dont le résultat sera peut-être l'anéantissement de leur vaste empire colonial.

Mais pour être libres d'agir, pour pouvoir surveiller d'une manière plus sévère les agissements de leur ennemie commune, les peuples de l'Europe continentale doivent être débarrassés des causes graves de conflit qui peuvent exister entre eux. Chaque gouvernement pourra dès lors se ressaisir totalement et orienter sa politique dans un sens plus large et plus conforme à l'intérêt du peuple qu'il représente.

Le premier pas, et le plus considérable dans cette voie, serait de régler une fois pour toutes la question de l'Alsace-Lorraine. N'a-t-on pas dit que la politique européenne dansait sur le clocher de Strasbourg? Ce n'est que trop vrai, et cette question de clocher, apparemment ensevelie sous un silence profond, n'en a pas moins été, depuis vingt-cinq ans, aussi pénible et aussi volcanique que celle de l'Orient qui, à notre avis, n'est qu'une des formes nombreuses de la question anglaise.

II.

Est-il possible de trouver, entre l'Allemagne et la France, un terrain d'entente amiable? Notre conviction est réelle à ce sujet.

Cette communauté d'intérêts, que la politique exclusivement personnelle des Anglais a fait naître chez les peuples de l'Europe, a déjà eu des occasions de s'affirmer, surtout dans ces dernières années; et, dans leur action extérieure, la diplomatie allemande et la diplomatie française se sont chaque fois trouvées agir de concert. On l'a vu pour le conflit sino-japonais, on le voit encore aujourd'hui dans les affaires d'Arménie et dans celles du Transvaal.

Il est résulté déjà de ces faits une amélioration sensible de rapports entre la France et l'Allemagne : ayant ailleurs des intérêts communs, elles ont simultanément quitté des yeux la frontière, s'accordant mutuellement une trêve tacite. C'est là un grand progrès, mais il n'est pas suffisant et, pour donner à ces deux puissances la liberté la plus complète, il faut, comme nous l'avons dit, mettre en pratique l'idée d'un échange amiable de Madagascar et de l'Alsace-Lorraine.

C'est en effet logiquement sur le terrain colonial que l'on doit se placer pour arriver à une entente définitive.

Nul n'ignore que, depuis une vingtaine d'années, l'Empire allemand a fait tous ses efforts en vue d'acquérir un domaine colonial important. C'est autant dans ce but que dans celui de protéger son commerce et ses ports, qu'il s'est constitué une marine dont la jeunesse n'exclut nullement la puissance. Mais tard venu aux conquêtes coloniales, ses possessions sont bien peu étendues, si on les compare à celles des autres peuples colonisateurs. Et cependant il est urgent qu'il agrandisse son domaine s'il veut profiter le plus tôt possible des facilités de peuplement que peut lui procurer l'émigration. Celle-ci, jusqu'à ce jour, s'est portée presque uniquement dans des colonies étrangères ou aux États-Unis et son importance est telle, cependant, qu'elle fournirait à l'Allemagne un agent extrêmement précieux de colonisation.

Si l'on considère, en effet, la période décennale 1884-1893, on voit que l'émigration a enlevé à l'Allemagne 1,065,000 individus (1), et encore ce chiffre ne tient pas compte des émigrants embarqués dans les ports français. Ils se répartissent de la manière suivante :

États-Unis.	968,546
Canada	11,303
Brésil.	19,158
Autres pays de l'Amérique	13,601
Australie.	4,888
Afrique	3,902

Sur ce dernier chiffre, moins de 2,000 ont pris le chemin des colonies allemandes. Cela tient à ce que le Cameroun, l'Afrique occidentale du Sud et l'Afrique orientale allemandes possèdent un climat peu favorable à l'Européen et sont peu aptes, par conséquent, à devenir des colonies de peuplement.

---

(1) Depuis 1820, l'émigration allemande a porté sur 8 millions 1/2 d'individus, dont les trois quarts se sont établis aux États-Unis.

Leur population indigène (moins de 7 millions d'habitants) est d'autre part bien faible pour en faire des colonies d'exploitation et des débouchés sérieux pour le commerce.

Cette situation s'améliorerait d'une façon notable si l'Allemagne venait à posséder Madagascar. Cette grande île, qui doublerait ses possessions de l'Afrique orientale en superficie et en population (1), présente dans les régions de l'intérieur un climat suffisamment favorable à l'Européen. Nul doute que, par de sages procédés, l'on ne puisse y faire dériver une grande partie du flot migrateur de l'Empire allemand et y constituer une colonie florissante de peuplement. Située presque en face de la principale colonie africaine allemande et à moins de 800 kilomètres, elle concourrait à la formation d'un empire colonial qui plus tard pourrait faire contrepoids aux possessions australes britanniques, et aiderait tout au moins l'Allemagne à disputer sur l'important marché du Cap la suprématie commerciale jusqu'ici exclusivement réservée au Royaume-Uni. Enfin la présence de puissants intérêts germaniques dans la région suffirait à refréner les appétits anglais, dont l'objectif, trop visible, n'est rien moins que de constituer sur la côte est africaine une immense colonie allant de l'Égypte au Cap, achevant de faire de l'Océan indien un Océan anglais.

Nous sommes donc convaincu que l'avenir économique et commercial de l'Allemagne trouverait un grand essor dans la possession de Madagascar. Il paraît en effet impossible qu'avec des mesures bien prises, cette nation ne puisse faire profiter sa colonie d'une bonne partie des 100,000 émigrants qui chaque année quittent son sol. Et ce chiffre considérable est loin d'être encore la limite de ce qu'il peut être, car dans l'Empire allemand la moyenne des excédents de naissance est dans ces dernières années de près de 600,000. Le sol germanique, déjà peu favorisé, sera bientôt incapable de nourrir

---

(1) La superficie de Madagascar est de près de 600,000 kilomètres carrés et sa population de 3,500,000 habitants. Les chiffres correspondants de la colonie allemande de l'Afrique orientale sont de 940,000 kilomètres carrés et 2,900,000 habitants.

une population par trop nombreuse, dont l'excédent serait bien plus utilement employé à la mise en valeur de colonies de peuplement et par suite à l'augmentation de la richesse économique de la métropole.

Tel est le premier argument que nous invoquons et qui nous permet de croire déjà à l'acceptation par l'Allemagne de négociations. Il paraîtra encore plus sérieux si l'on produit les chiffres indiquant la valeur du commerce total de l'Allemagne et de celui de ses colonies.

Le commerce total (1893), a été de plus de 9 milliards.

Le commerce des colonies n'a pas dépassé 30 millions.

Leur rapport est de 300 à 1, tandis qu'il est de 10 à 1 en France, bien moindre encore en Angleterre.

Ces données font suffisamment ressortir la nécessité pour l'Allemagne d'agrandir son domaine colonial et n'expliquent que trop bien les efforts qu'elle a faits dans ce sens au cours de ces dernières années. Malheureusement, arrivée trop tard pour le partage de l'Afrique, elle ne peut, dans cette partie du monde, augmenter son avoir que par conquête ou par cession. Le premier moyen est aléatoire ; le second, en ce qui concerne du moins Madagascar, lui est facile : nous souhaitons qu'elle l'adopte.

III.

Le jour où l'Allemagne consentirait à nous rétrocéder l'Alsace-Lorraine, en échange d'un territoire colonial tel que celui de Madagascar, nous aimons à croire qu'il ne se trouverait pas en France d'assez mauvais patriotes pour protester. Mais en supposant que pareille chose puisse se produire, même en laissant de côté les bénéfices matériels et surtout moraux que nous vaudraient le retour de nos deux anciennes provinces, on pourrait trouver, du chef même de Madagascar, d'assez bonnes raisons pour argumenter.

Pourquoi, en effet, sommes-nous allés à Madagascar ?

Bien des gens s'imaginent bénévolement que sa conquête est une des plus belles opérations coloniales que nous ayons jamais faites. Ils se trompent étrangement. Cette île ne peut devenir pour nous ni une colonie d'exploitation, parce que ses trois millions et demi d'habitants sont un débouché médiocre, que notre marine marchande encore plus médiocre ne pourrait guère utiliser, ni une colonie de peuplement pour la fort bonne raison que le Français n'émigre pas. Alors que cent mille Allemands quittent annuellement leur pays, c'est à peine si la France perd dix mille émigrants.

Quelle est donc pour nous la valeur de Madagascar ?

Notre opinion est celle-ci : nous avons tenu à sa possession parce que si les Anglais — et ils l'essaieront — nous ferment le passage de Suez, nous pourrons à la rigueur contourner l'Afrique et utiliser Madagascar comme base d'opérations navales. On doit donc conclure que notre grande colonie sud africaine n'est qu'un *pis-aller* à nous imposé par la faiblesse de notre attitude envers les Anglais, auxquels de gaieté de cœur nous avons abandonné Suez.

Si les 15,000 hommes que nous avons envoyés à Madagascar avaient été débarqués à Alexandrie, nous aurions moins besoin d'une base de manœuvres et de ravitaillements dans l'Océan indien. Les Anglais auraient probablement compris que le terme de leur occupation était arrivé et, le chapeau à la main, se seraient rembarqués. Ils comprennent admirablement les arguments vigoureux.

Or notre faiblesse à leur égard, qui nous vaut d'ailleurs en ce moment une violation de territoire sur la rive gauche du Mékong (1), vient, comme nous l'avons dit, de ce que,

---

(1) Le lendemain de la solution de l'affaire du Siam (31 juillet 1893), un protocole signé par M. Develle, alors ministre des affaires étrangères, et Lord Dufferin, reconnaissait la nécessité d'une zone neutre de 80 kilomètres de largeur entre la Birmanie et l'Annam, zone constituée au moyen de concessions réciproques des deux gouvernements.

Or l'emplacement de cette zone est des plus difficiles à déterminer : l'Angleterre, désirant s'assurer la possession du Mékong et de la communication qu'il ouvre avec la Chine, veut apporter en quote-part un terrain situé sur la rive gauche de ce fleuve qui, par cette combinaison, coulerait en territoire birman. Ce terrain ne lui appartient naturellement pas et relève régulièrement de l'Annam.

Néanmoins, pour apporter un argument décisif dans le règlement de la

hypnotisés par la frontière de l'est, nous n'avons jamais osé intervenir énergiquement hors de France. Le seul moyen, nous le répétons, de mettre un terme à cette situation particulièrement fausse, c'est d'offrir à l'Allemagne, en échange de l'Alsace-Lorraine, l'île de Madagascar qui entre ses mains peut avoir une réelle valeur.

IV.

Il nous reste à envisager le côté le plus délicat apparemment de la question, qui est de rechercher quels sont, en échange des avantages résultant pour l'Allemagne de l'acquisition de Madagascar, les inconvénients nés pour elle de l'abandon de l'Alsace-Lorraine. Un échange ne peut naturellement se faire que s'il existe une proportion équitable entre le gain et la perte. Cette proportion, dans le cas présent, existe-t-elle ? Nous allons essayer de le démontrer.

Nous examinerons donc si l'Allemagne, en renonçant à l'Alsace-Lorraine, léserait d'une façon grave sa tradition historique et ses intérêts politiques, économiques et militaires.

Lors de la discussion du traité qui clôtura la guerre de 1870, l'on prétendit chez nos voisins que leur nouvelle acquisition territoriale n'était qu'une reprise légitime, qu'il suffisait par exemple de regarder les noms des localités qui en faisaient partie, d'écouter les patois locaux pour constater le germanisme de sa population, dont la vraie patrie était par conséquent l'Allemagne.

Cette prétention était extrême et conduirait, dans l'étude ethnographique des peuples européens, à des conclusions singulièrement inattendues : ainsi la France, notamment les

---

question, elle a tranquillement placé un poste sur la rive gauche même du Mékong, paraissant affirmer ainsi des droits qu'elle ne possède cependant pas.

Ajoutons que le public anglais suit fébrilement l'affaire, alors que le public français conserve une impassible indifférence.

bassins de la Loire et de la Seine, devrait faire partie intégrante de l'empire allemand, puisque le fond de sa population a été en majeure partie constitué par les Francs, peuplade germanique ; de même la Russie devrait posséder la Bohême, qui se réclame de la race slave. Le territoire allemand, en particulier, a reçu des échantillons nombreux de toutes les races qui l'ont traversé de l'est à l'ouest, lors des migrations qui ont précédé et suivi de près le début de l'ère chrétienne, et l'on peut dire, d'une manière générale, que les races européennes ne sont aujourd'hui que des races historiques, créées par les hasards de l'immigration, de la politique et des conquêtes. Quant aux groupements de ces races en États, ils n'ont acquis une consistance réelle et durable que par la communauté des rôles et des souvenirs historiques, des intérêts économiques, quelquefois de la religion.

Or aucun de ces liens ne rattache d'une façon précise l'Alsace-Lorraine à l'Empire germanique qui, né d'hier, ne peut se prévaloir des services rendus par elle à sa cause. Il en est tout autrement de ces provinces et de la France : l'histoire le démontrerait suffisamment. Quant à la religion, elle ne peut être davantage invoquée : les quatre cinquièmes des Alsaciens-Lorrains sont catholiques, alors que les deux tiers des habitants de l'Empire germanique sont protestants. Rien, d'autre part, ne démontre que l'intérêt économique de sa conquête rattache celle-ci à l'Allemagne plutôt qu'à la France et, cela serait-il d'ailleurs, qu'on ne saurait en tirer un argument suffisant à établir le germanisme des Alsaciens-Lorrains.

Tout ce qui précède est si vrai que la germanisation officielle, malgré vingt-cinq années d'efforts, n'a pu aboutir qu'à un échec, quoi qu'en dise la presse allemande, trop intéressée dans la question. Il est indéniable que les 160,000 Allemands représentant les innombrables fonctionnaires et leurs familles, avec lesquels on a essayé de submerger l'idée française, n'ont pu jusqu'à ce jour entamer sérieusement le sentiment de la vraie nationalité restée au cœur des 1,400,000 indigènes. Ce n'est pas, en tout cas, par un régime autoritaire, quelque peu despotique et administrativement arbitraire, que les Allemands obtiendront un résultat. Ni la force, ni l'effet seul d'une individuelle volonté ne doivent pouvoir imposer le sentiment d'une nationalité nouvelle, et rien ne fait encore prévoir l'époque à laquelle la germanisation de l'Alsace-Lorraine sera un fait accompli.

L'Allemagne n'a donc pas à se faire illusion : nous doutons d'ailleurs qu'elle s'abuse à ce sujet, malgré les déclarations optimistes de ses hommes d'État. Leur nouvelle province mettra des siècles à oublier sa réelle patrie, et tant que l'oubli ne sera pas complet, tant que l'on n'aura pu opposer à la part glorieuse prise par elle dans l'histoire de notre France sa coopération plus ou moins volontaire à la grandeur de sa patrie forcée, l'Alsace-Lorraine ne fera moralement pas partie de l'Empire.

Au point de vue politique, la question ne se présente pas sous un jour bien favorable pour la sécurité de l'Allemagne.

Qu'est-ce, en effet, que cette situation bizarre de terre d'Empire (Reichsland) faite à l'Alsace-Lorraine vis-à-vis de l'Empire germanique? Qu'est-ce que cette pseudo-colonie européenne qui, en apparence, appartient à tous les Allemands, mais qui, dans la réalité, nous semble ne dépendre que de la Prusse? Que rapporte-t-elle, sinon de lourdes charges dont elle est la seule cause, à la Saxe, à la Bavière, au Wurtemberg et aux autres petits États? Que représente-t-elle pour eux, sinon le gage assuré d'une guerre future, dont le résultat, même heureux, provoquera la réduction, voire même la suppression de leur autonomie? Or il est certain qu'ils ne songent, ni les uns ni les autres, à abdiquer ce qui leur reste d'indépendance, et personne n'ignore que les Hanovriens applaudiraient même encore aujourd'hui au rétablissement de leur ancien royaume. Loin d'être, comme on l'a dit, un gage d'union pour les divers États de l'Empire, l'Alsace-Lorraine ne peut donc être pour eux que la certitude de tentatives d'absorption par la Prusse, dans un avenir plus ou moins éloigné. Ce n'est cependant pas un empire prussien qu'ils désirent, mais uniquement un empire germanique fédératif.

En ce qui concerne spécialement la Prusse, la question alsacienne ne crée pas pour elle un avenir précisément dégagé de préoccupations. La guerre inévitable qu'elle provoquera tôt ou tard sera, quelle qu'en soit l'issue, le point de départ d'une ère agitée dans laquelle la Prusse pourrait bien perdre le reste de sa force vitale, entamée par la lutte. Victorieuse, résistera-t-elle au désir d'asservir étroitement les États autonomes de l'Empire, et ne provoquera-t-elle pas ainsi l'occasion d'un conflit nouveau avec l'Autriche? Vaincue, ne perdra-t-elle pas presque fatalement la suprématie et ne devra-t-elle pas assister, impuissante, à la constitution d'un Empire allemand du sud, sous le regard bienveillant de la France et de la Russie?

La perspective de ces troubles futurs n'est pas sans avoir frappé l'imagination de quelques écrivains d'outre-Rhin, et nous n'en voulons pour preuve que cette citation d'une des plumes les plus autorisées de l'Allemagne militaire : « Quelques levers de soleil suffiront peut-être pour éclairer la fin d'une lutte désespérée et la mort d'une patrie. Il est donc nécessaire, avant tout, de nous convaincre nous-mêmes que le moment du repos n'est pas encore venu, que la prédiction d'une lutte suprême ayant pour enjeu l'existence et la grandeur de l'Allemagne n'est nullement une vaine chimère issue de l'imagination de quelques fous ambitieux, que cette lutte suprême éclatera un jour, inévitable, terrible et grave comme toute lutte de nations appelée à servir de prélude à de grandes révolutions politiques (1) ».

Au point de vue politique, l'Alsace-Lorraine constitue donc pour l'Allemagne un fardeau dangereux. En est-il de même au point de vue militaire?

Nous n'allons certes pas jusqu'à l'affirmer; mais il nous parait nécessaire de mettre les choses au point et de réduire les exagérations de certains auteurs allemands, qui voient dans l'Alsace-Lorraine le rempart de l'Empire, en même temps qu'une indispensable tête de pont offensive au delà du Rhin.

Il est certain qu'au lendemain de la guerre de 1870, le

---

(1) De Goltz, *la Nation armée*.

tracé de la nouvelle frontière donnait à l'Allemagne un avantage incontestable. Possédant en Alsace une bande de terrain de plus de 50 kilomètres de largeur, elle augmentait le front possible de son déploiement stratégique et ne se trouvait plus exposée, de Bâle à Lauterbourg, aux difficultés de toute sorte qu'impose le passage d'un grand fleuve sous le feu de l'ennemi.

Cette situation nouvelle, en face de notre frontière ouverte, que ne protégeaient plus ni le Rhin ni les places de Metz et de Strasbourg, était particulièrement favorable à l'offensive et les Allemands l'avaient si bien compris qu'ils jetèrent audacieusement leurs quais de débarquement à deux pas de notre frontière (1). Cette mesure leur était d'ailleurs d'autant plus permise qu'ils savaient posséder à ce moment une grande avance dans leurs procédés de mobilisation.

En est-il toujours ainsi ? Les gens bien informés et au courant de notre organisation militaire répondront par la négative. La constitution d'une frontière artificielle puissante appuyée sur les camps retranchés de Verdun, Toul, Épinal, Belfort, nous permet d'entraver dès le début l'offensive ennemie. Mieux encore, les remarquables efforts des 1er et 4e bureaux de l'État-major général de l'armée, dignement secondés par le zèle patriotique des compagnies de chemins de fer, nous mettent, à l'heure actuelle, au point de vue de la

---

(1) Cet esprit d'offensive, il faut le dire, n'est pas uniquement la conséquence de la possession de l'Alsace-Lorraine : celle-ci n'a pu que le raffermir.

« Nous sommes tenus de prendre l'offensive, non seulement parce que cela est toujours avantageux, mais encore parce que cela répond à nos traditions et à notre situation économique. Il faut que l'on comprenne que les forces de l'Allemagne doivent être augmentées de façon à nous mettre en état de défendre nos frontières de la seule façon dont elles puissent être défendues, c'est-à-dire par l'offensive. »
(Discours du comte de Caprivi au Reichstag, 13 mai 1893.)

« Celui qui écrit sur la stratégie et sur la tactique devrait s'astreindre à n'enseigner qu'une stratégie et une tactique nationales. Aujourd'hui notre méthode de guerre allemande se propose comme objectif une grande bataille décisive et immédiate, inséparable dans notre pensée d'une offensive absolue. » (De Goltz, *la Nation armée*.)

concentration et de la mobilisation de nos forces, sur un pied d'égalité parfaite avec l'Allemagne, si même ils ne nous confèrent pas un léger avantage. L'adoption d'un plan offensif n'est donc plus pour nous une question de possibilité, mais simplement une question de choix entre les diverses solutions stratégiques qui peuvent se présenter.

Les Allemands en sont certainement convaincus eux-mêmes et on prétend qu'ils regrettent d'avoir poussé leurs quais trop loin. Ils n'ont eu d'ailleurs qu'à un degré bien moindre que les Français la précaution de les échelonner en profondeur, et leur dispositif se prête par suite à des dispositions stratégiques bien moins variées; il leur impose, en outre, la concentration en des points que nous pouvons bien plus facilement déterminer.

Il résulte de tout ce qui précède qu'en cas d'une irruption brusque et d'une offensive poussée par nous à fond dès le début des opérations, le déploiement stratégique de l'armée allemande serait peut-être fort aventuré. La conviction des Allemands doit être faite à ce sujet, car ce n'est pas sans raison qu'ils ont constitué leurs places de deuxième ligne bien plus fortement que celles de première. Celles-ci, Metz et Strasbourg, sont complétées, il est vrai, de distance en distance, par des organisations défensives assez importantes, celles du Donon, par exemple; les deux vieilles places de Thionville et de Neuf-Brisach ont, en outre, été remaniées. Mais ces deux dernières sont incapables de soutenir un siège sérieux, et quant à Strasbourg et Metz, elles sont loin, cette dernière surtout, de présenter une valeur défensive considérable : leurs forts détachés, trop près des corps de place, ne sauraient pas plus qu'en 1870 en empêcher le bombardement (1) et la longueur du siège dépendrait principalement

---

(1) Les Allemands prétendent que nous n'oserons jamais bombarder Metz, ni Strasbourg : la chose est probable; mais en diminuant le périmètre de ces deux camps retranchés, ils ont limité les points de stationnement des troupes de la défense et de leur matériel. Leur recherche par nos pièces de siège ne sera donc pas longue; la précision de ces dernières pourra en outre permettre d'atteindre, même dans l'enceinte de la place, les établissements militaires permanents dont les emplacements nous sont dès maintenant parfaitement connus.

de l'importance de la garnison et de son activité à l'extérieur de la place. Il est donc douteux que les Allemands, en cas d'offensive française, puissent compter, dans une large mesure, sur les retards occasionnés par leurs places de première ligne.

En tout cas, ils ont réservé leurs plus grosses dépenses pour la fortification de la ligne du Rhin moyen : Mayence, Coblentz et Cologne jalonnent la véritable frontière défensive de leur Empire.

En résumé, l'Alsace-Lorraine aurait eu effectivement pour les Allemands une importance stratégique considérable s'ils avaient conservé la certitude absolue de pouvoir prendre l'offensive. Les progrès de notre organisation militaire ont limité cette importance, que ne compensent pas d'une manière suffisante les travaux de défense faits à Strasbourg et surtout à Metz.

Sa rétrocession ne constituerait donc pas pour l'Allemagne une perte irréparable, car elle ne diminuerait en rien la puissance défensive du Rhin qui restera toujours sa vraie base d'opérations. Enfin, on jugera la perte encore moins grande, si l'on songe qu'elle aurait pour effet de supprimer à peu près toute cause de conflit.

Rien n'empêche d'ailleurs les deux puissances contractantes de neutraliser l'Alsace-Lorraine pendant une période déterminée, de 10 ans par exemple, durant lesquels l'Allemagne aurait, de son côté, tout loisir pour compléter l'organisation de détail de sa nouvelle frontière.

CONCLUSION

Dans cet exposé rapide, nous avons d'abord montré que l'Allemagne aurait aujourd'hui le plus grand intérêt à posséder Madagascar; nous avons fait voir, d'autre part, que la perte de l'Alsace-Lorraine n'était, à aucun point de vue, bien dangereuse pour ses intérêts. Si d'ailleurs on veut mettre à part le côté militaire, il est aisé de constater qu'elle ne peut que gagner à un échange qui doit, seul, pour une période qui tendra à devenir de plus en plus longue, lui assurer une ère de tranquillité et de prospérité. Or ce n'est que par une longue période de paix, productive au point de vue politique et économique, que l'Empire germanique peut se consolider. Tant que l'Alsace-Lorraine lui sera rattachée, son existence dépendra de l'issue d'une guerre inévitable à plus ou moins bref délai, issue que l'alliance franco-russe est loin d'affirmer en faveur de l'Allemagne.

Nous avons dit, en outre, que nul moment ne serait mieux choisi pour traiter de la question : la politique anglaise, avec ses dessous malhonnêtes, a été depuis peu la cause directe ou indirecte d'une amélioration de rapports entre la France et l'Allemagne, dont la communauté d'intérêts s'est affirmée à maintes reprises et s'affirmera encore, tant que l'Angleterre n'aura pas renoncé à ses inqualifiables procédés.

Nous souhaitons de tout cœur que notre idée fasse son chemin : elle est simple, malgré son apparente complexité. Elle ménage l'intérêt et l'orgueil de deux grandes nations, puisqu'elle consiste dans l'échange de deux conquêtes affirmant, l'une, la gloire française, l'autre, la gloire allemande.

Elle mettra peut-être un terme définitif au long différend qui, sans grave raison, fait, depuis 1806, de l'Allemagne et de la France deux ennemies soi-disant irréconciliables. Que servirait d'éterniser la lutte? Est-il indispensable que le xxe siècle assiste à des guerres semblables à celles qui ont ensanglanté le xixe et qui nous ont valu, à nous, les désastreuses invasions de 1814 et de 1870, aux Allemands, celles de 1806 et de 1813.

Les peuples de l'Europe ont aujourd'hui le devoir de pratiquer la politique de conciliation et de paix et d'éviter à tout prix des luttes toujours inutiles, qui ne feraient que donner de l'autorité à cette dangereuse et trompeuse maxime : « Ce que la guerre a fait, la guerre seule peut le défaire ». Qu'ils réservent leurs forces et leurs richesses actuelles et qu'ils travaillent à les augmenter. Un jour viendra peut-être qui leur donnera une occasion de les employer plus utilement : l'Orient dort encore, dormira-t-il toujours ?

Paris, 2 janvier 1896.

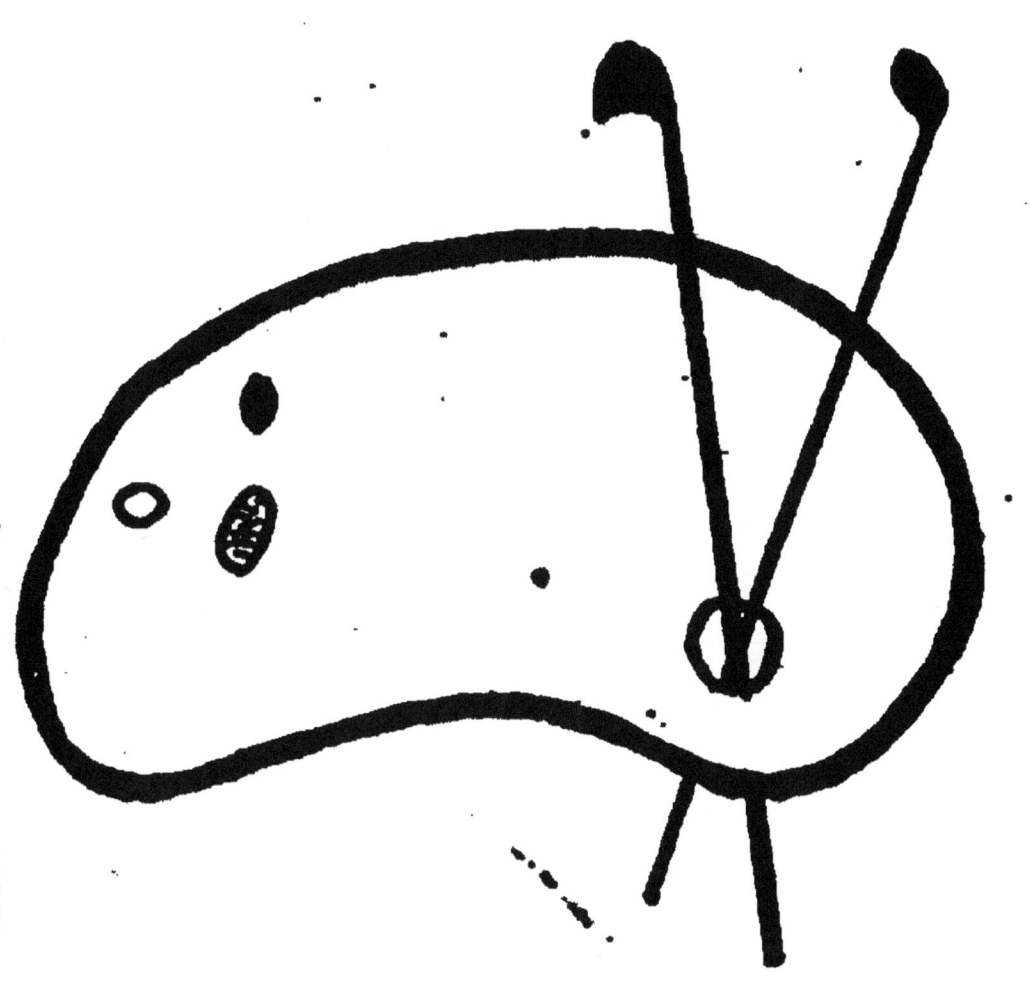

www.ingramcontent.com/pod-product-compliance
Lightning Source LLC
Chambersburg PA
CBHW070456080426
42451CB00025B/2763